JN419673

드들강, 저 황홀한 내통

임해원 시집

시와
사람

드들강, 저 황홀한 내통

2025년 9월 25일 인쇄
2025년 9월 30일 발행

지은이 임해원

펴낸이 강경호 편집장 강나루 디자인 정찬애
펴낸곳 도서출판 시와사람
등록 1994년 6월 10일 제 05-01-0155호
주소 광주시 동구 양림로119번길 21-1(학동)
전화 (062)224-5319   E-mail jcapoet@hanmail.net

ISBN 978-89-5665-789-9   03810

값 12,000원

＊잘못된 책은 구입하신 서점에서 바꾸어 드립니다.
＊지은이와의 협의로 인지를 붙이지 않습니다.

이 도서의 국립중앙도서관 출판예정도서목록(CIP)은
서지정보유통지원시스템 홈페이지(http://seoji.nl.go.kr)와
국가자료종합목록 구축시스템(http://kolis-net.nl.go.kr)에서
이용하실 수 있습니다.

드들강, 저 황홀한 내통

© 임해원, 2025
이 책의 저작권은 저자에게 있습니다.
저작권에 의해 보호를 받는 저작물이므로
출판사와 저자의 허락 없이 무단 전재와 복제를 금합니다.

벌레 먹은 흔적이 눈이 되어 나를 따라다녔다
어떤 시선은 피할 수 없었다

키보다 더 자란 그림자에게 물었다
누구요?
나를 마주한 나의 얼굴이 낯설었고
서로 불편해 할 때
드들강, 그 이름이 내게 왔다
적막에서 시작했다
두근거림으로,
예감으로,
기다림으로,
무엇보다 따뜻한 시선이었다
그게, 무엇이든 좋았다

여직 제 속살은 보여주지 않는다
그래도 고맙다
계속 더 칭얼거릴 작정이다

드들강, 저 황홀한 내통/ 차례

■ 시인의 말

물길 하나

물길 둘

물길 셋

물길 넷

물길 하나

드들강 1
- 첫, 그 이름이 내게 왔다

거미줄이 이슬에 들키듯
강에게 들킨 빗방울
빗방울에 들킨 강
저 강이 어디로 가는지 알 수 있다면
生에 대해 아는 척할 수 있을 텐데
바다로 간다고도 하고
하늘에 돌려준다고도 하고
돌아간다면
저 궁둥이 쳐든 비오리를 어떤 착한 말로 읽어야 하나
강의 물이 묻고 산의 그늘이 답하고
바람은 자취 없는 자취를 남기고
흰, 그 절박함을 집어삼킨 푸른 물빛을
새가 물 위에 꾹꾹 눌러쓴 상형문자를
시간의 저 쪽 끝에 있는 너와
이쪽 끝에 있는 나를 어떤 이름으로 불러야 하나

너만 모르고
나만 모르고

그림자에 그림자 포개지듯 어두워져 다만 쓸쓸함과 내통하는

저 하얀 맨발

아파라

저리 천천히 걸으면 바다까지 一生이 걸리겠다

*드들강: 전남 나주시 남평읍을 거쳐 영산강으로 흘러드는 지석강
 의 옛 이름

드들강 2
- 소리의 회유

강변 수풀 어디
비명처럼 울어 댄다
놀랐냐?
야, 나는 더 놀랐다야!

새끼 품은 고라니였을까
견딜 수 없이 소란스런 세상
새끼 두고 갈 수 없어 몸도 일으키지 않았다
어린 것 파고들어 물큰한 젖 뚝 뚝 떨어지고
길 내준 풀잎들 슬쩍 비껴 앉는데
그 어미도 소리의 어미도 바람 속에 똬리를 틀고 있다
처음 그건 작고 연약한 숨소리였지
궁상각치우 어르는 풀 울음이 여린 잎 틔우듯
바람 드나드는 문풍지 같은 목젖의 떨림이
소리가 되려고 얼마나 많은 숨길을 귀에 담았을까
갈대와 바람, 겨루는 소리가
하루를 씻어내는 낭아꽃 얼굴 적시는 빗소리가
묵묵 귀만 남긴 내 발자국과 나란한 물결에
풀숲이 허락하는 만큼의 음역대로 스민다

새끼 품은 어미들
겨우 소리만 품은 어린 것들
숨어서 오직 견뎌내는 것들
애썼다
애썼다

드들강 3
- 적寂

헝클어진 묘지 길
혼魂 터
세상 어휘 부족하고 무릎 꿇는 일 서툴던
그가 누워있다
누군가를 위해 물길처럼 낮아지고
누군가를 덥혀주려 불길처럼 굽어지고
남의 그늘에 가려 제 그늘도 가져보지 못한 사람

손가락 꼽으며 기다리는 상사
오는 이 없는 온전한 자유

죽음이 지루해
몸에 감긴 수의 벗어 던질 때
어스름 들쳐 업은 저 건너 비탈 밭
바람 소리 헤아려 거두느라 몇 종지 눈물, 짜다

드들강 4
– 봉인

검은 돌의 흰 시간

잠시 머물다 떠나는 것들의 전언
몸에 잠겨있던 시간은 흘러 없어지는 착각에
울지 않으려 입술을 앙다물고

덤불 속 주저앉은 젖가슴 같은 무덤 하나
망자를 묻은 이도 죽었는지 비석은 잊힌 듯 희미하다
몇 줌 흙더미만 삭은 뼈를 보듬고 있어
거기와 나 사이가 영겁인 듯 지척인 듯했다
그러나 아예 잊혀진 곳은 아니었다
가끔 고라니가 새끼에게 젖을 먹이고 가고
개개비들 둥지 틀 곳 찾으러 들리곤 했다
모두가 잊어버린 그를 구름과 바람 한 줌까지
자기들 몸짓으로 알은 체하며 적멸을 넘나들고 있었다
저물도록 빈 젖가슴을 어루만지는 일은
그보다 더 살아낸 자신의 나이를 솎아내는 일인지도
몰랐다
귀 기울이면 죽음이 죽음으로 살아내는지

뼛조각 하나 없이 삭은 삭신이
더 잘 삭은 시간을 고요히 숨 쉬고 있었다

주저앉아
눈물 한낱 닦아내는 거기가
티끌이고
피안이고
화엄인 것을

드들강 5
- 내 탓 아니었네

강기슭 저문 게 눈 흐려진 탓이라 믿었더니
물길 저리 깊은 까닭이고
바람소리 드문 게 귀 어둔 탓이라 믿었더니
산그늘 저리 깊은 까닭이었네
하루가 아슴아슴 저물어
강기슭이 물소리 되고
바람소리가 산그늘 되니
하염없어라
허공의 빗금에 진저리 치던 왜가리 한 마리
풀숲에 몸 숨기고 오래오래 서 있네
영원이라 착각하던 시간의 갈피에
놀 빛은 더 어둔 저녁을 기다리고
사금파리 반짝이는 강물 위로 왼갖 소리들 뛰어다니네

드들강 6
– 적막, 그 긴 두려움

침묵보다
고요보다
적요보다
적막의 숨은 길다

바람이 놓치고 간 침묵을 적막이라 바꿔 말한다

적막,
소란이 얼마나 잠잠해진 후라야
겨우
새소리 들리는 두려움인가

드들강 7
– 새의 어둠에 대하여

날기 위해 벼랑 끝으로 달려가던 새가
내려오는 기척을
낮달이 쉬이 머물던 가지에서
저쪽 어디쯤으로 종종종 뛰는 소리를 듣는다
기억이 끌고 온 길은 거기가 끝이어서
새는
우두커니
나무가 어두워지기를
제 몸이 더 깜깜해지기를 웅크린다
깜박 잠이 든다

텅 빈 것들의 무릎마다 달이 돋았으나
나는
희미한 불티 하나 깜박이며
이내 허공이 되는
가장 고요한 높이에 둥지를 튼 새의 슬기를 지킨다

새의 잠은 착하다
새의 잠은 가난하다

드들강 8
- 이팝꽃

몇은 벼락에서 왔고
몇은 천둥에서 왔다

오신들, 바람길 건너 그대 오신들
없어라, 내 있는 곳 늘 바깥이거늘
쉿,
모르는 척하리
가슴 속 통곡이 바람의 碑文으로 읽히더래도
내 어두워져야 그대 낯빛 환해지는 비밀을 어찌 아시는지
일찍 핀 한 사발 꽃눈들 이남박 속 쌀알처럼 젖고 있다

절벽 품은 가슴
깊어지다 순해진 눈매로
죽음에서 삶으로 건너오는 것들을
삶에서 죽음으로 건너가는 것들을
다 품고도 맑은 물빛 같은 이팝꽃 필 때
울컥 울음 숨긴 내 들숨 날숨이
훠이 훠이
강물을 부르는 일이 오랜 業이 되었네

드들강 9
 – 서로 닮은 고요의 눈썹들

오래 저를 바라보다 낯이 파래진 언덕보라제비꽃
내 전생의 묘지기

      *

막써래기 곰방대 속 사그라지는 불길 닮은
고마리꽃 붉은 그늘

         *

서둘러 피는
서둘러 지는
차갑게 타는 노란 불덩이

눈보라 속 얼음새꽃

      *

말 많이 한 날
지쳐
품어온 돌맹이 하나

*

버리고, 버리고
마저 버리셨다
내 등 굽고서야 보인 먼데 계시던 아버지

완생完生

*

비손 모으던 정짓간, 아궁이 속 식은 재 쓸어 담던 몽당
빗자루

*

탱자울, 거미줄에 걸린 검은 밀잠자리 날개 한쪽

*

등 굽은 감나무 아래 무너져 앉은 돌담
비스듬히 어깨 맡긴 지게 작대기 위
슬쩍 이마 얹은 배추흰나비의 단잠

*

강아지풀, 그 수굿한 목덜미

    *

서로 닮은 고요의 눈썹들

드들강 10

- 침묵피정

'나 지은 죄 많아 죽어서도 영혼 없으리'
김종삼 시인의 고해가 못질하듯 들리는
삶이 내 것이 아님을 알아채는 곳
너무 좁아 온몸을 웅크려야 꽉 차고
너무 커서 온 세상 울음을 다 쏟아내고도 남을
몸에 묻혀온 검불 털어내는 곳

이제야 혼자가 되었냐며 눈 붉히는
항상 내 곁에
또한 너무 멀리 계시는 그 분께
갈증으로 넘치는 물을
허기로 가득한 위로를 청하네
사랑을 사랑했고
슬픔을 슬퍼했던 나를 찾아가려 하네

늘 나를 잊고 있던 내가
늘 그분을 버리고 싶던 내가
발밑에 허공이 있고 낭떠러지가 있는
자기의 끝으로 뒷걸음치는 사람처럼

소낙비 퍼붓는데 무너지는 힘으로 서있는 나무처럼
밑줄 긋지 않고도 알아들을 것 같아
가슴에 성호를 긋고 누우면 알맞은 관이 될 것 같은

그곳,
그때,

마음 다해도 갈 수 없는 곳 있어
이마에 재를 얹고 죄를 보듬는
재의 수요일
그저 울음을 울라는 그 분의 위로를 알아듣네

나를 기도하지 마시고
이런 나를 바라보는 당신을 기도하소서

내 침묵은 묶어야 할 입이 너무 많다

드들강 11

마른 잎사귀들 쏟아지면
물이 굳어가는 소리 들린다

이 길을 돌아오는 사람
추운 돌멩이 하나쯤 품에 담는다
밤에 불 끄고 누우면
품어온 돌멩이
바깥을 기웃대거나 방안을 서성인다

돌에 달이 떠 있다
다만 그림자일 뿐 달빛은 없다
달이 되지 못한 돌, 애면글면 달빛이다
달과 돌의 고독이 닮았고
오래전부터 서로 품어온 사이이기에 간절하다
풀벌레 울던 들녘과 발소리 울리는 강둑과 나의
지극하거나 뻔한 사이처럼

어둠에 기대 밖을 내다보면
하늘의 뒤쪽이 엿보이는 깜깜한 깊이가

달을 야위게 하고 별빛을 멀게 한다

달을 떠받치고 있는 허공아
중력에서 해방된 별똥별아
이제 잠들어도 되겠다

드들강 12
- 소리의 무덤

소리들 숨죽이면 어디로 갈까

깊은 곳에 물의 혼 있어
여기 수렁이 있다며 눈썹 치켜 손사래를 쳤으나
하늘은 어둠으로 스미고 어둠은 사람으로 스미는
잠깐과 잠은 지척이어서
여름이면 우울한 죽음이 반복된다는 소문이 들렸다
어둠이 익숙해 그림자로도 휘파람 부는 이 있어
왼종일 강은 늪처럼 고요했다

엉겁결에 마주한 죽음
生의 예외에 놀란 사람들
죽음의 고독을 찾아내면 고독의 풍경도 따라왔다
강을 닮으려는 바람과
사람을 기억하려는 바람이 서로를 밟고 있어
강둑을 걷는 이는 불안했으나
물속에 잠긴 이는 안식을 얻었다
강은 비밀 문의 녹슨 경첩을 열 듯 소리에 귀를 묻었으나
산자의 울음은 덮어주지 못했기에

울음만큼 그림자도 길어져
바람은 발자국 없는 발자국으로 울음을 덮었다

강바닥에 새가 누워있다
죽음이 가벼워 날아가려는 새는
강이 사람의 울음이라거나
사람이 강의 울음이라는 말을 소문처럼 흘리기도 했다

하늘이 문득, 문득 어두워지는 때
저문 강의 물길에 한숨으로 저를 내려놓는

세상은 결가부좌

드들강 13
- 새의 길

하늘 높다
흰 새 서너 마리
목 길게 세우고 구름 속으로 들어갔다
오래 기다렸으나
뺨이 붉은 새는 나오지 않았다
여전히 날아가고 있을 것이다

새가 어떻게 날아오르는지
어떻게 눈 내리는 들판을 건너가는지
어떻게 놀 빛을 뚫고 들어가는지
공중의 새는 날아갈 뿐 따로 길을 내지 않았다
다만
모퉁이에 오래 서서 어두워진 사람이
손가락 들어
저만치 새의 자취를 가리켜 보일 뿐

기진해 두 날개를 접었는가
지금 어디 있는가, 묻는다

까마득한 새
하늘이 됐다,고 대답한다

드들강 14
- 붉새가 떴다*

잊은 것, 잃은 것 씻으며 온 물굽이가
한 굽이 더 굽는 굽이에
강이 붉은 입술 포개고 있다

두 무릎 까닭 없이 꺾이던
그 그제와 어제가 차례로 깊어진
여기와,
그즈음과,
저 어림에서 가장 야윈 날
걸어서 강을 건너는 새의 젖은 발자국 따라
햇빛 사위는
벌써 저무는
더러는 비껴가고
더러는 늦은 것들의 틈새에
귀로 들으면 고요이고 마음에 담으면 쓸쓸한
붉새가 떴다

강이 귀를 열면 깊어진 먼 수평에 별이 돋는데
보이지 않을 때까지

손짓도
부르지도
눈 마주치지도 않는 나를
붉새가 웃는다

*핏빛처럼 붉은 노을을 '붉새가 떴다'라고 한다.

드들강 15
- 가을이 며칠 남아있다

멀리 걷는 일이
눈빛이 깊어지는 일이라는 걸 이제 알았다
돌아오는 길
강둑 아래 노랑어리연을 오래 들여다보는 이유다

강을 들여다보는 나와 나를 들여다보는 내가 겹치는
가을이 며칠 남아있다
잎 지는 어느 날 강에게 나의 사소한 걱정을 물었으나
대답을 기다리진 않았다
청미래 넝쿨 손톱 세운 생채기에도
발부리에 차이는 주먹 돌에 허연 서리꽃이 피어도
나는 여전히 강둑을 걷고 있을 것이고
찬바람이 쓸고 지나간 며칠 뒤
몸에 어리는 햇볕 한 줌씩 모으며
눈빛이 깊어져 돌아올 것이다

달이 둥글어지고
갈꽃 밟히는 소리 짠하게
날개를 끌며 걸어온 새가 자갈밭에 몸을 누이는

가을이 며칠 더 남아
나보다 더 숨죽인 나를 지켜보는 강에게
나의 사소한 걱정을 또 물을 것이다

드들강 16
- 숫눈 1*

키 큰 나무 서 있다
나무 뒤에 서면 어두워진다
해 기울면 낮아진 하늘은 가지 끝에 닿는다
몸에 두 귀를 묻은 어름치
적막해서 무한한 그 깊이를 어떤 이름으로 부를까

반음씩 낮은 음표를 짚는 어스름보다 더 어둑한 저물매
어둔 하늘을 날고
물굽이와 들판과 나를 덮고 묻으려는
천 마리씩
만 마리씩 떨어지는 흰 나비 떼
속살을 찌르는 가슴팍 땅바닥에 던지며
몸 부서지는 저 것들

셀 수 없는 흰, 과 흰, 의 사이가 흰
눈,
눈,
눈,

*눈이 쌓인 처음 그대로 깨끗한 눈

드들강 17
- 숫눈 2

사라질 것들이 온다

더러워지려 온다

받아 드는 땅의 두 손, 공손하다

세상 모든 언어는 침묵으로 간다

고요는 침묵의 폭설

드들강 18
- 갈밭

비오리 누워있다
뼈 드러나고 날개깃 부서졌다
자갈돌 몇 개 그 몸을 다물고 있다
꽉 다문 저 힘이 강을 흐르게 하고
새를 날게 했을 것이다

비오리 몸속으로 강이 흘렀고
흐르는 힘과 나는 힘이 서로 스치고 스미어
물속을 새가 날아가고
강은 새 이름을 노래하기 시작했다
지저귀다, 지저귀다 목이 쉰 강
주검이 갈밭 틈새기를 다물고 있다
접힌 날개 여전히 강을 향하고
왼종일 물을 주시했을 부리는
죽음에도 날카로움을 잃지 않았다

갈꽃 난분분한 들녘
새 따라오고, 새 운다
부리 긴 새 하늘을 쪼면

너왓장 들추듯 버들치 튀어 오른다
더는 노래하지 못하는 새
적막에 오래 기대 울컥할 때
허공도 따라 울컥하고

그래도
갈밭 너머 햇살 희고
물빛 푸르고
나는,

물길 둘

드들강 19
– 거화炬火

스님, 불 들어갑니다
얼른 나오세요

솔가지 삭정이들 손 모으고
참나무 장작더미 붉은 연꽃 피어
제 안에 소름 돋듯 타는 불을 감춘다

저승길 보인다는 오동꽃
가는 길 저리 환하다면
몸에 묻은 바람 내려놓으시라

칸칸이 묵언 들어앉은 연밥

턱 괴는 고요

모호한 자음 모음들 무심한 반야般若에 들듯
돌보다 깊은 잠에 들다

드들강 20
- 멀다

고래 울음소리 들리면*
거기 돌들, 부처로 눈을 뜬다

돌 안은 환했으나 바깥은 어두웠다
둘 사이의 거리를, 그 허공을 무얼로 가려주나

서로의 짝이 된 돌 속 부처들
눈꺼풀에 얹힌 눈 불어주던 팔 없는 부처
앉은뱅이 부처의 허리가 되어 세상의 길 이어주고
우담바라 꺾어간 아이 부부 와불 팔 베고 잠들어
꽂은 아이 위로 그늘을 들인다
천 년의 시간은 늙은 젖가슴을 꺼내 검은 산천을 재우
는데
다른 쪽을 딛고 선 두 다리가 한 몸이었음을
여기저기 흘러내리는 천 개의 계곡물이 같은 물이었음을
이제야, 이제야 알겠다

此岸에 작은 배 한 척
여전히 돌 안은 환했고 바깥은 어두웠다
동백 필 때 바닷속에서 울어 대던 돌

제 가슴 한쪽에 더 큰 바다 재워놓고 파도 속으로 날
세우는
더 낮게 엎드려 새로이 수습하는 저 절대의 휴식
이끼 낀 돌탑 너머 하늘은 목젖 보이게 파안대소다

세상사 더는 초연하지 말기를
제발 성불하지 말기를
깨진 코 나부죽한 머슴 부처 활활 타는 노을 화덕 불
지핀다

여래불 광배 같은 그믐 빛 속
오른다리를 왼다리에 포갠 반가사유
눈썹 손으로 찾는 運舟 한 척 뜬 바다

멀다

*절집에서는 범종 소리를 고래울음이라 한다.

46

드들강 21

- 여기

오는 길
혼자가 아니다
발자국 소리와 그림자와 나,
그만 따라오라 해도 막무가내다
물웅덩이에는 발자국이 쉬어가고
그늘에 들면 그림자가 쉬어간다

자주 발자국 소리와 그림자를 놓치고
번번이 나를 놓친다

웅덩이 속 하늘은 깊고 고요해
구름이 걸어가고 원추리 올라오고
그림자는 그늘에 빗장을 지른다

제 그림자 하나 챙기지 못한
그제는 비 내려 젖고
어제는 비 개어 마르던 그 울음빛 아니라면
어찌 잎사귀들이 다른 색으로 몸을 뒤집겠는가
까닭 없이 가을이 깊어지겠는가

몸 없는 것들
셋이서 가슴 꽉 차는 둥근 둘레를
붉은 자두가 익다 떨어지는 만큼의 간극을 당긴다

드들강 22
– 나무랄 일 아니다

모퉁이는 쓸쓸하다
모퉁이를 돌아가는 사람이 쓸쓸하다

모퉁이 돌다 어두워진 나를 어깨 내려 다독일 때
나무는 휜다
낮달이 슬쩍 걸터앉거나
온달이 밤 내내 얹혀있거나
새벽녘 이슬바심 방울방울 매달리거나
혹은
다리 긴 검은 거미
가지마다 줄 매달고 시치미 뚝 떼거나
긴 꼬리 제비나비 거미줄에 걸려 허우적거릴 때
나무는 휜다
작고 발목이 가는 멧새 날아와
오래전 휜 가지에 앉을 때
이파리 몇, 손들어 떠받쳤으나
자칫 휘청했다
나무랄 일 아니다

나, 아직도 모퉁이를 돌고 있다

드들강 23

– 낙화, 다시 꽃이다

선암사 부활매*
조실스님 걸음 따라 꽃잎 떨궈 절 마당을 가늠한다

낙화, 다시 꽃이다
봄, 가을 오고 가는 것 내 어쩔 수 없지만
세상은 기다리는 일을 가르쳐 준다
봄마다 환장하게 매달리는 흰 꽃, 흰 꽃들
꽃의 무게 못 견딘 하늘
여름 내내 붉게, 붉게 앓다가
가을, 잘 마른 이파리들 虛, 虛, 虛 강을 찢는다

때가 되면 푸르름 어기고 꽃으로 돌아가 볼 일이다
처음, 우리 모두 봄밤 배꽃 속으로
숨어드는 달처럼 그리 곱지 않았겠나

낙화를 때 늦은 회귀라 이름할 때
어둔 강에서는 눈물 냄새가 난다

*부활절 무렵 만발한 매화를 부활매라고도 부른다.

드들강 24

– 물수제비 띄우다

돌멩이 하나 날렸다

얼마나 크고 긴 동그라미를
몇 번을
어떻게 먼 거리까지 닿는가, 만을 가늠했다
주먹이 빈만큼 가벼워진 돌멩이가
물 위에 얹혔다 땅 아래 가라앉는 일이
더 아래로 스미어 땅 속 깊이 파묻히는 일이
까마득히 모를 일인 것은 어림 못 했다

허공부터 긴 시간이 흘렀다
돌이 오래 누워 묻히는 동안 추락하는 것들은
바닥을 모르고

돌멩이 하나 던지고
몇 날 지나도록
돌멩이 떨어지는 소리 들리지 않는 이유를

허공이
진저리, 진저리 친다

드들강 25
- 상응

왜가리 몇 날아왔나
비오리 몇 날아왔나
세러 갔다 하나도 만나지 못하고 돌아올 때
그런 날 있지
오래 그리워하던 것과, 것들의
서로 그리운 사이가 아니고는 아는 체가 멀다
한 나무와 나란한 한 나무의
그림자와 그림자 사이가 흔들리고
모퉁이를 도는 앞선 사람의 어깨가 해묵고
처음 본 사람이 낯익다

하늘 비워두고
강 비워두고 다들 어디 갔나

물낯 위에 이름 쓰면
산과 들과 내가 하나인 듯 맑아
섭섭하지 않지
안타깝지 않지
왜가리, 날 보고 갔을 것이고
비오리, 날 보고 갔을 것이니

드들강 26

– 느티, 하늘에 뜬 섬이 되다

손 펴니
새 한 마리 날아와 앉는다
부리와 눈자위와 날갯죽지가 젖었다
내 몸도 젖었다
퍼져가거라
번져가거라
휘감겨도 아무도 보듬지 못하리니
흘러내려도 아무도 적시지 못하리니

안개는 맑은 눈물의 일
안개를 투과하는 햇빛은 얼마나 아름다운가

하늘 아래 하늘의 그늘이
구름 아래 구름의 그늘이
나무 아래 나무의 그늘이
나뭇잎에 밟힌 내 그늘이 지워진다

어제 걸어온 길을
오늘 가기로 마음먹은 길을 잃는다

눈 감고 귀 막아도 들려오는
울음을 더 큰 울음으로 덮어주는
안개는 오래된 기억

안개 따라 강이 사라지고
느티, 하늘에 뜬 섬이 되다

드들강 27
- 시월이어서

오후 여섯 시
구름은 귀를 펄럭이며
나미비아 사막의 코끼리 떼를 몰고 오지요

오일장 난전의 졸음처럼
땅 밑으로 꺼진 무덤 찾아가듯
사라지는 것들의 수수께끼가 간절함으로 입을 열듯
나뭇가지들 땅으로 휘는 모퉁이를 돌아
환한 빛에 쌓인 그대 오신들
가슴 가득 통곡을 담은 그대 오신들
숨 쉬는 것조차 죄가 되는 시월이어서
나, 거기 없지요
가을 이파리들 낡은 聖衣처럼 흔들릴 때
나, 모르는 척 기다리지요
보았던 모든 것이 거짓인 것처럼
새들 사라지면 왜 하늘은 금세 어두워지나요

몇 점 색으로 찢어진 구름의 나선처럼
이미 어제가 되어버린 석간신문을 집어 들고

같은 질문에 다른 대답을 하는
너무 일찍 혹은 아주 늦게 오는 여섯시

검은 날개
검은 부리
까마귀, 푸르다

드들강 28
− 바람은

강의 깊은 한숨에서 시작된다

들어앉을 몸을 얻으려 원추리 허리 휘어놓고도
머무는 生을 견디지 못하고 그냥 간다
어쩌면 회오리치는 것이 生일지 몰라
소리로 와서 소리 없이 사라질 줄 아는
바람이 바람 아닌 것 흔들어 저를 보여주듯
나 아닌 나를 깨운다

볕에 덴 그늘 가만가만 다독이던
보이는 것과 보이지 않는 것들 사이에서
내 안이고 바깥이던 그대, 가버렸는가
제 그늘 삼킨 구름마저 품었나니
하늘의 비밀 엿듣고 어루더듬던 그대, 가버렸는가
지나가는 것들 제 소리로 유혹하지만
바람은 그 자리 그대로네

우두커니 멈춘 生
한 백년쯤 시간 흐르고

소금처럼 깊어지려면 일어서서 더 걸어야겠다
두어 개 문살 부러진 문 열 듯
나보다 더 어두워진 사람을 곁에 두듯 바람을 허락하네
저녁이면 잎사귀들 캄캄히 몸 뒤집는데
열이레 달빛으로 길 밝혀 마음 떠나보내야겠다

드들강 29
- 달의 배후

달은 어둠의 부분인가요, 전부인가요
아니면 배후인가요
바람을 숨으로 빚는 것이
자기 일인 것처럼 시간은 흐르고
숨을 거두어가는 것들
흩어지는 꽃을 보는 나무의 그늘이 깊다

나비 한 점으로 시작되던 여백
그 여백을 견디던 허공에게 달은 무엇이었나요
떠 있는 것들이 가장 불편한 이름, 허공

달아,
바람 한 폭 걸어둘 수 없다는 허공과
다시는 그의 중심에 서지 않겠다는 다짐은 거두렴

여전히 헛것 같은 네 비밀처럼
일찍 핀 꽃이 후회의 낯을 씻고 있는 그 아래
달이 왜 나를 부르나 서성이다 보면
가끔은
세상이 거룩해지는 이유를 알 것도 같고

드들강 30
- 비 내려 왜가리 다리 짧아졌다

오후 여섯 시
벌레 먹은 흔적이 눈이 되어 나를 따라다닌다
빗속에
그리움 있다면 마음 무너지고 있는 것이니
부디 젖지 마라
부디 허물어지지 마라

벼르고 벼르던 빗방울
거미줄을 세상에 내놓는다

물길에 수직의 악보를 베끼는 빗줄기
젖은 몸 털며 내뱉는 말매미 울음만큼
닫았던 귀를 여는
지금은 내 生의 雨期
오래전 몸에 고였던 빗물이기에 빗소리 곤하다

비 내려
왜가리 다리 짧아졌다

드들강 31
- 문 열어라, 달 들어오게

번진다
은빛 갈등이 번진다
일몰과 일출이 필요한 내 몸에 번진다
맨발은 지치고 발꿈치는 서쪽 바다에 닿는다
이제 됐다, 됐다 하면서도 내겐 늘 푸른 언어가 필요해
낮달을 마냥 따라가고 싶었다
한낮에는 어김없이 여우비 흩날리고
일몰까지 짐짓 침묵이다
물의 직선이 구불거리며
가끔 나무나 풀의 이름이 떠내려오고
내처 둑 허물어지듯 사무친 고해성사는
지나가는 바람의 혼잣말에 곰곰하다

뚝,
울기 멈춘 새, 고개 돌려 나를 본다
내가 조용해졌고
강 건너
누가 불고 간 휘파람 소리 남아
끝내 정 못 뗀 빈 집 한 채

고샅길 더듬거리던 깜부기불 그리워 달을 떠받치는
허공이다

　문 열어라
　달 들어오게

드들강 32

- 윗비

나 말고
여기 와서 투정부리고 돌 던지는 사람 있다
나 말고
이마 묻고 오래 울다간 사람 있다
바위, 젖었다
두 손 포개 엎드려 울었던가
바위, 우묵하다

강은 저에게 눈물을 들켜버린 얼굴을 기억한다
그도 저를 지켜보던 물의 얼굴을 기억한다

검은 맴생이 한 마리
회리 휘감는 고요와 수굿한 고요 사이로 뿔을 세운다

달, 발목까지 흠뻑 젖었다

세상은 꽃다발처럼 환해 눈치채지 못했다
겹겹 주름진 노파 같은 물길
기댈 기둥 없는 절박함에 가뭇없이 걷는다

옷비,
홀로 깊다

드들강 33

– 12월

굳이 올 것도 갈 것도 따로 없는 12월
이마에 손을 얹고 기다린다
단순한 것만 보려고 눈을 씻고
넘어져도 깨지지 말라고 머리를 비운다
꽃뱀은 웅크려 내 시선을 외면하고
어치는 부리를 더 뾰족이 세우고
눈 속 부처 눈새기꽃, 봄을 기다린다

새들 아랫배 강바닥을 스치면
얼음 부서지는 소리에 놀 빛 비껴가는 겨울 강
싸래기눈, 빈 그릇 부시듯 내려앉아 하루만큼 쌓였다

아직,
오래,
긴,
한 生이 가는군
나보다 먼저 물로 뛰어들던 바람이 중얼거린다

언제 내가 물길 하나 가졌던가

간다, 12월

드들강 34
- 돌을 위한 각서

무심한 돌덩이
바위 소리 들으려면
어영차, 들리지 말아야

거뭇거뭇
천년 돌 꽃 피워
홀로 깨우친 나한으로 태어나야

바람에 업혀 끝 간 데 없이 흐르던
제 그림자도
혼잣말도 다 거두어
부디
침묵의 옷 입은 반가사유로 앉아야

포말이 깎아내리는
억년 더 억년을
솟구치는 눈물 허공에 거두는
아슬한 절벽으로 우뚝 서야

드들강 35
– 기억의 시차

너에게 닿을 거리쯤
나, 징검돌로 섰네
마주 보던 시간은 짧았으나 그리움은 길어
새벽이 빛을 모으던 강가
순정한 화석으로 흔들리는 동안
비워지는 것도 비운다는 것도 잊기로 했지
오래된 바람이 징검돌을 건너고 있어
새 한 마리 날아간다고 하늘이 흔들릴 줄
새 한 마리 날아간다고 나무가 멈칫할 줄
몰랐네

물에게 말 걸고
새에게 말 걸고
내 그림자에 말 걸 때
새벽이 어둠을 벗겨내고 있었지
새 가는 길 따라가다 하품처럼 눈물 맺히는
눈썹 없는 버들치처럼
지느러미 없는 자갈돌처럼
한 처음, 아무 소리 들리지 않던

너,

소실점

드들강 36
– 괜시리

창평 오일장
간판 희미해진 방앗간에 가서
누룩가루 고봉으로 두어 되 사와
꼬두밥 버무려
있는 듯 없는 듯 나도 버무려
없어진 아랫목 찾아 국방색 담요 덮어
며칠 잊히면
두 손 들고 나만 동동 떠오르려나
미련한 나까지 삭혀버리면
숨죽인 울음처럼 지게미로 가라앉아
알싸한 향기로 다시 태어나려나

더듬거리는 목소리는 왜 징검돌에 주저앉아있는지
이 게으르고 남루한 生을 견딜 수 없어
보랏빛 씨름꽃과 마주 앉아 낮술 몇 잔 나누는데
좋구나
낭 끝 같은
부서질수록 환한 낭 끝 파도 같은 늦가을
산 이와 죽은 이의 숨이 함부로 뒤섞인 바람 맞으며

마른풀 훑어 덤불 속 멧새 놀래키며
흘러가는 물길 향해 손들어 반가운 시늉 두어 번
괜시리

물길 셋

드들강 37
– 이제 말할 차례다

흰 왜가리
물 아래, 더 아래를 가늠하듯 서 있었다

그 새, 갈밭에 누워있다

밤이었고
빛의 금을 치던 비와 불빛에 대해 이제 말해야겠다
새를 따라온 들녘이 주춤거릴 때
추운 바람이 잎들을 거둘 때
빗발이 줄곧 새의 몸에 스미던 일을
웅크렸고 소름 돋았고,
고이다, 고이다 새의 몸 밖으로 넘치던 빗물에 대해
그때
말을 잃은 적막이 울컥할 때
바람이 거두어 갈 몸인 줄 모르고
걷다
넘어지다
어떻게 갈밭에 누웠는지를

둘러보아도 다만 혼자
이제
온몸을 울먹이던 새의 목숨을 말할 차례다

저문 강의 물길에 한숨 내려놓은
새가 누워 있다고
날아오르던 높이에서 툭, 떨어졌다고

드들강 38
- 꽃의 幻

그를 만나러 꽃 속으로 들어갔지
뛰는 것만으로도 뜨거운 화로
심장은 오래된 노래를 부르네
옛 노래는 꽃의 만신전으로 그를 데려갔어
혼자서는 불길 다스릴 수 없어 무르팍을 파고드는 그에
게
잘 익어 서럽디 서러운 술 한 잔 부어줄까

허공 층층
색의 무덤 사라진 듯 벗어놓은 몸, 고스란하다
허망한 그 빛 숭어리들은 꽃의 幻
부대낌 없이는 저를 보여주지 않는 바람도 幻
소멸이 평등이듯 幻도 나란하다

그는 꽃이 잃어버린 집이었다네
마음은 꽃의 그림자였다네
헝클어진 덤불에 어둠 덮쳐올 때
다시는 못 볼, 올 봄의 꽃들이여
있고 없는 것

들고 나는 것
다 꽃 속에 있더이다

드들강 39
- 혼잣말을 알아듣네

놀란 고라니처럼 뛰어가는 산등을 훔쳐보는 게야
배꼽 잡고 흐드러진 꽃 웃음을 껴안아 보는 게야
돌 쌓고 그늘 키우던 가슴팍 한껏 열어젖히는 게야

혼자 견디는 후회의 낯으로
제 걸음 지우며 걸어오는 물이 강을 깊게 할 때
한바탕 울음 쏟아낸 뒤 번지는 미소처럼
나무가 팔 구부려 내 어깨 다독일 때
머리 희끗한 북두 먼 별빛의 혼잣말을 알아듣네

아직도 더운 피가 서글퍼지는 해거름
허름한 산그늘아,
더듬더듬 말 걸어오는 보지 않아도 이어가는 그리움아
사랑과 죄가 다름 아니듯
커피 알갱이가 단맛을 깊이 숨기듯
누구도 보지 않을 때
내 마음속을 일흔 몇 바퀴 돌고 간 네 맨발처럼, 그렇게
혼잣말을 알아듣네

드들강 40
- 고요가 품은 이, 나쁜 아니었네

새벽 첫 빛
강물에 발 담그니
바람이 우 우 우 수작질이다

유채 노랑물에 흠뻑 젖은 호랑나비
어린 솔장다리 지나 물억새 넘어 애기부들 가장자리를
빙글 돌더니 아무도 없는 허공을 아슬아슬 오른다

고요라는 말을 펼치니 새가 알을 품고 날개를 접는다
곧 깨어날 새끼들의 속닥거림에
깃털 터는 소리에 파르르 소름 돋는 물결
한 生이 물 흐르는 소리로도 바뀌는 걸 증명하듯
누구는 갯메꽃 덩굴을 데리고 그늘을 헤쳐가고
누구는 바람이 걷는 길을 따라가고
누구는 무참히 붉어 서러워질 서쪽 바다를 읽는다

여름 내내 단근질한 까만 꽃씨처럼
깜깜해지기 일 분 전
무량한 노란 볕뉘를 먼지처럼 털며 날아가는 풀색 꽃무

지
아뜩하다

드들강 41
– 발길질 없는 날개, 이겨낼 바람 없다

허공이라 생각했다
색이 없다 믿었다

아침 노을빛
바람 부는 저녁 되니 그저 허름한 산그늘
횟대 같은 그믐빛 속
어린 것들 살고 있다
검은점호랑나비 하나 흰명아주 갸웃대더니
발길질 하나 없이 날아오른다
저 날개를 이겨낼 바람 어디 있는가
멀리 가버린 기억처럼 그들의 배후는 허공이 알맞다

꼭 한 뼘 가웃 달아나는
나비, 그 날갯짓 베끼려다 오래 쌓인 낙심들
글썽하더니
간절하더니
부끄럽게 지우는 詩 몇 벌

드들강 42
– 그림자, 겹겹이다

나뭇잎 내려앉는다

나무 아래
구름이
하늘이
아슬하게 내 그림자가 두텁다

내려앉은 이파리, 돌 하나 감쌌다
제 그림자도 감쌌다
이파리와 돌과 그림자를 적막이 감쌌다

이파리와
돌과
그림자와
적막이 겹겹이고
적막은 몇 겹을 더해도 간극이 없다

드들강 43
– 여우비 오는 날

너, 모르지
놀러 나온 여우비를
미루나무가 베끼고
바람이 베끼고
비오리 떼가 베끼고
지나가던 999번 버스가 베끼고
두 배 넓어진 하늘은 강물 위로 둥둥 떠가고
절박함을 집어삼킨 누치가리, 물낯을 뒤집고
시침 뚝 뗀 왜가리
공중에 남기지 못한 발자국 물 위에 남기는 걸

너, 모르지
하루 내내 세상 모두를 다 받아썼다고
아쉽고 궁금한 것 더는 없다고
어스름 오자 맨발로 달려 온 할미꽃
풍년초 궐련 말 듯 꽃잎 오므린다

드들강 44
- 다 눈물의 일

비오리, 얼음장을 만났다

강의 넓이를 속셈하고
열예닐곱 번 오체투지로 강을 건넌다
맨발이다

지나친 저기와
머물던 거기와
오래 걸려 찾아간 여기를 뒤돌아보는
겨우 저문 가장자리를 건너고 있다
멈추어 두리번거리지 않는다

비오리의 발을 붙잡으려는 강의 결빙이 시작되었다
살얼음이 비오리를 간신히 강 저편으로 건네준다

돌 밑 웅크린 동자개
제 알을 지키고 있다

다 눈물의 일이다

드들강 45
- 노을을 앓다

나무
죽어서도 서있다

옹이가 빠져나간 구멍, 웅크리고 죽은 새의 날개깃 한
줌 있다
모든 빈 것은 슬픔의 언저리이다

죽은 나무를 부르는 사람 목소리가 크다
죽어서 대답하는 나무 목소리가 멀다

나무의 음역대는 고요
나무에게 묵음을 배우던 사람
죄는 알지만 용서는 모르는 사람
용서는 알지만 벌은 도망치는 사람
산다는 게 무서워
도망치는 게 더 무서워
생인손 앓듯 살아있었다, 라고 말할 수 있을까
그러한가,
아닌가,

되물음을 다시 묻는
바람을 따라가다 세월이 되어버린
아직 뛰는 가슴만 남기고 가자

시들어 가는 가을 숲, 노을을 앓다

드들강 46
– 물에 이르다

낮고 차가운 깊이에서 성자의 눈이 된
물방울 하나에 하늘이
물방울 하나에 바윗돌이
푸른 절벽으로
스스로를 지키려 멈추어선 섬이 될 때까지
길은 물이고
몸은 파도였지
모딜리아니의 지워진 눈동자처럼
물이 둥근 것은 둥글게 스미려고
가슴이 물결인 것은 숨 쉬는 눈물로 흐르려고
더는 망설이지 마
저기 허공을 걷는 새의 길
무지개도 없어라
날개야 돋아라
날자, 날자, 날자, 한 번만 더 날아보자꾸나 *
물을 열어 보자꾸나

낭자하게 흩어지던 해란초 하늘로 뛰어올라
어린 딸 젖멍울만한 씨방으로 여무는데

그날
나는 바다를 엎질렀다
캄캄한 바다의 눈물을

*이상의 「날개」에서

드들강 47
– 나처럼 낯선

무슨 일이 있었나
나와 나무 사이

전생 어디쯤 나는
꽃이 몸 바꾸는 일에 마음 보태다 붉은 그늘을
새들에게 나누어주던 隱者였나
하늘 가득 꽃들이 울리는 종소리에 닿으면
몸이 먼저 알고 저려왔다
오늘을 그냥 지나치지 못한 어제의 내가
나눠주지 않았던 따뜻함이 쏟아지고
또 다른 문을 열어
아무와도 속엣말 나누지 않는 어둠으로 기울고

날아가는 찌르레기를 쳐다보는 나와
나를 내려다보는 찌르레기
生의 마지막 길을 걷듯
두 그림자의 어긋 비낀 틈새

등 굽은 여자

마른 갈밭에 서서 누구 이름을 불렀던가
대답하던가

드들강 48
– 멈추어, 말문을 닫다

꽃을 들여다보던 아이가 물었다
왜 빨강이 엎질러졌지?

쪽진 머리에 비녀를 꽂은 노파가 걸어왔다
어디서 오셨냐고
어디로 가는 길이냐고 물으려다 입을 다물었다
모르겠다는 대답이 두려웠다
가슴께 오래오래 뒤척이던 물살에
설설 끓던 마그마가 식어가는 얼마 후
나도 사각형의 기억*에 묻힐 테니

적도 아래 흐르는 빙하 끝에서 통째로 잃은 것과
곧 사라지고 마는 것들의 이름을 떠올린다
그래,
그러자,
만나도 모르는 사람처럼
몰라도 만나야 할 사람처럼
꽃 아래 멈추어 말문을 닫다

*송찬호 「흙은 사각형의 기억을 갖고 있다」에서

드들강 49
- 해거름을 듣는 물음

해거름은
하루치의 수다 다 쏟아내는 때
하루치의 목숨 다 태우는 때

해거름은
나무 눈꺼풀 슬그미 내려앉는 때
바람이 한뎃잠 들 볼 빨간 꽃 훔치는 때
허름한, 더러는 새뜻한 色 지우고 가는 때
마른 풀숲 벗어나려는 노란 꽃다지 주저앉히는 때
데리고 왔던 나조차 버리고 가는 때

후두둑
잠자리 날 듯
부처꽃 파안대소하듯

그리하여
저 산굼부리 갈대만큼 가벼워지는 때

드들강 50
- 꽃을 헛딛다

비명인가
독기인가
花르르 花르르 날아오르다 떨어진 꽃대궁
하늘 한 뼘 꽃의 무게가 지워진다
들키고 싶은 교태
꽃술 번지듯
꽃잎 흐르듯
꽝꽝 언 피가 돌고 나서야 꽃이 꽃으로 보이는

허투루 받아 든 점괘처럼
사라지는 향기는 허공에 잠시 머물 뿐
왜 땅이 내뿜는 호흡을 바람이라 했을까
한 통증이 호흡 전부로 번져가는 날
불다 멈출 바람에 부서지듯
기다릴 수 없는 것들만 기다리는
보이다 안보이다 사이를 흐르는 강

혼자 걷던 이가 혼자 걷는 이를 바라보다
막 떨어진 꽃을 헛딛다

드들강 51
– 바디소리에 귀를 묻는다

흰 문살에 애기단풍 손 몇 넣어줄 걸
목 쉰 바람 몸 웅크린 아궁이에 마른 콩대 몇 던져줄 걸
낮은 추녀 끝에 더듬이 모아 말간 울음 울던 여치가
바디소리에 귀를 묻던
모두 떠났으나 여전히 거기 있는 월산동 399번지
12월을 헤아리지 못한 열아홉에 떠났다
눈을 가린 바람은 수 겹의 生으로 나를 휘감았고
감아두지 못한 실꾸리가 실낱들을 날것으로 풀어놓던
밤은 캄캄하다 못해 환했다
나 아닌 곳으로 가지 못하고
내가 나인 곳으로도 돌아오지 못한 채
구겨지고, 구겨지고
이제 잘 접어진 종이배처럼 나를 보여주라

흔들리다,
끄떡없다,
활활 타오르는,
이제는 내 것이 아닐지도 모를 기억들이
바디소리에 귀를 묻는다

＊바디소리: 베틀에서 베 짜는 소리

드들강 52
- 그믐달, 내 소박데기

한 올 한 올 구름 쓸어 담은
달 한 채
등성이 찬 바위 위에 앉아
새 한 마리 멀리 소실점 찍는 것을 본다

가여워라
아직 더 태워야 할 가슴 있어
하냥 서성이는 내 소박데기
홀로여서 이리 가벼운 것을
짐작거니
사무친 참회록의 빈칸들 아무 일 없던 것처럼 아물 것
이다

달거리하는 그믐날
희고 둥두렷하려 잠시 찍어 둔 쉼표 아래
如如한 밤, 나도 그믐달이다.

드들강 53

- 안개초

바람 없이 꽃 진다
무심하다
꽃 볼이 저리 붉은데, 하는
내가 무심하다
바람,
겨우 한 가닥 뺨에 닿았는데
아직 꽃의 몸도
내 몸도 빠져나가지 않았는데, 하는
내가 무심하다

이 밤 무얼 생각한다는 것, 참 무심하다

나의 끝도 저리 무심할 수 있으려나

안개초 한 잎
타인의 타인처럼 등 돌린다

바람 아래 서서 바람 소리 듣는
내가 지워진다, 조금씩

드들강 54
- 바람의 전언

이상하다
무슨 소리가 난다
찔레 숲 멧비둘기가 앵초꽃으로 옮겨 앉는지
자은도에 소금 오는지
땡볕에 몸 여문 매미 혼인비행 가는지
취한 바람, 돌아오는 길 지우는 걸 먼 눈빛으로 본다

바람아
머물지 않고 사라져가는 것들의 전언을
너라는 소음에 시달리지 않으려
북북 그어버린 이 희미한 문장도 데려가 주렴
소리는 숨에서 비롯되기에
삶에서 죽음으로 건너가는 모든 소리는 아프다

착란의 여름
남겨진 일은 꽃 진 자리의 허공을 견디는 일
내 귀는 한 목소리로 붐비고 내내 난청이다
네가 거두어간 소리의 화음을, 버린다

눈인사 없이 떠난 것들 다시 오리라 믿지 않는
여름이 여름으로 가면서
모든 색을 끌어안아 흰, 모시나비 간다

물길 넷

드들강 55
- 생각이 사라지는 곳, 거기

바다에 닿아야 한다
비릿한 갈망에 섞여야 한다
하루치의 무게가 닻으로 잠기는 시간
염전 사내들 뻘떡게처럼 수차를 돌리고
바람과 바람 사이 사람의 길은 비어 있는데

어서 가자고 등 떠미는 누군가 있다
그렇지 않고서야
날마다 저리 멀리만 바라볼 수 있겠나
바람 부는 날 저리 안 우는 것처럼 울 수 있겠나

하늘과 땅 이음매가 사라지는 곳
할 말 잃은 것들이 하늘로 솟구치다 다시 아래인 곳
슬픔 없는 눈물처럼 생각이 사라지는 곳
거기까지 강은 사람이 기다리는 쪽으로만 흘렀다

물이라는 이름이 강이 되어 바다까지 닿으려는 이유를

드들강 56
- 부처꽃

더위 먹어 죄다 풀죽은 한낮
홀로 직립 중
입 지우고 묵묵 귀만 남기고
빗방울도 빛도 다 꽃에 공양된다
세상 제일 허망한 것이 제 生인 줄 모르고
누구 詩에 제 이름 써지는 것 까마득히 모른 체
언제까지 서럽도록 붉으면 되냐고
언제 지면 되냐고 묻지 않는
황혼댈녘
풋잠들 듯 시듦을 예비한다

無慾, 더는 어려워
꽃이 열어준 환한 그늘을 전생의 에움길처럼 추억하는
가슴 저미는 슬픔의 배후를 곰곰 따라가다 보면
해서체 흘림 같은 마디마디가 풍화한다

시샘도 없고
욕망도 없는
부처꽃
천개의 눈을 떴다

드들강 57
- 봄, 가지런하다

웅크린 강, 얼었다
나무 그림자들
날아가던 새 떼들
눈 뜨고 잠에 든 물고기들, 살얼음에 붙잡혔다
강은 제 몸을 겨울 내내 소리 죽여 읽었다

얼음장 다 녹은 날
살비듬 털어내고 강바닥에 누울까
흰뺨검둥오리 되어 서쪽 바다 꿈꾸어볼까
물색없이 울어쌓는 숲속 종다리 소리 들을까
강 건너 가르멜 수도원 묵상 속으로 들어가 볼까

먼저 간 강물이 어디까지 갔는지
꼬리 긴 별이 몇 개째 떨어졌는지 묻지 않는다
이제 어느 누구의 소식 따위 궁금해 않는다
그저
무릎 꿇고 가지런히 모은 두 손, 뿐
그저
강의 적막을
우두커니 바라보는 발자국 두 개, 뿐

드들강 58
- 내 귀는 둥글다

네 울음 잘 들으려고
내 귀는 둥글다

소나기 울음은 우레
풀여치 울음은 노래
까막까치 울음은 우짖음
청산리 벽계수야 수이 가는 가락은 강의 싯귀
눈썹에 물방울로 매달리는 것만 울음
너는 울음만큼 깊어지고
울음은 그늘을 열고 나가는 문지방

분꽃 나팔 소리 같은
호박꽃초롱 속 반딧불이 홀쩍이는 소리 같은
초저녁 빛 아래 작은언니 다듬이질 소리 같은
네 울음 잘 들으려고
내 귀는 둥글다

드들강 59
- 빗소리는 응시가 필요하다

새벽 두 시
비는 소리로 온다

빗속에서는 이유 없이 목이 멘다
격렬한 아픔 없이도 가슴 조이던
빈 그네에는 바람이 앉아 있고
표정 잃은 시소는 여전히 기울어져
손 내밀어주지 않던 옛날아
지도가 감춰버린 이름아
덧없음의 없음이 된 이름아
이제 가라

낡은 영사기가 돌리는 옛 느와르에는
새 떼의 흔적이 널렸으나
비 내리는 날은 새가 보이지 않는다
어디에서 날개를 접고 뼈 적시는 물기둥을 달래고 있나
등불 들어 제 주검 비춰보고 있나

빗소리만 남았다

종종 있는 일이다
더 멀리 걸어가야 한다
세상의 시간은 언제나 사랑의 반대편으로 흐르고 있어
빗소리는 응시가 필요하다

드들강 60
- 꽃무릇

시심사심*
가을을 점령한 저들은 누구 탓인가요
묻지 마셔요
저들이 어떤 눈길도 닿지 않는 캄캄한 곳에서
은밀히 서로를 탐한 탓이지요
수천 페이지 저들을 다 읽어낼 수 있을까요
궁금해도 참지요
머리말도 읽기 전에 훌쩍 가버릴 테니
저들이 저지른 만행이 가을의 찬란이라 나무래도
어쩔 수 없지요
저들이 어떤 호미도 닿지 않는 캄캄한 곳에서
은밀히 서로를 탐한 탓이지요

잔인하도록 맑은 선홍들
하늘 귀까지, 발꿈치까지 앞서니 뒤서니 무참히 엎질러져
그래도
돌멩이 뒹구는 이 언덕이 빛나는 한때를 가진 게
어느 가슴에는 영원으로 남을 테지요

오래오래 맴돌다 꽁지가 붉어진 새,
환히 사르던 부싯깃처럼 총총 사라지네요

*아주 천천히 조금씩의 사투리

드들강 61
– 다정한 이름들

성깔 궂은 소소리 바람 꼿꼿이 휘는 아침나절
붉어지는 바람꽃, 먼산바라기
솔가지 초록 부리, 먼산바라기
볕뉘 아래 물낯 뒤집는 왜가리, 먼산바라기
옛 우표 소인 닮은 노란 씀바귀, 먼산바라기
가을 이슬 몇 종지 다녀갔을 어리연, 먼산바라기

저 이름 부르며
1월 보내고
5월 보내고
9월 보내고
후끈 몸 붉힌 나무
옷 남김없이 벗고
벼락같이 온 12월과 맞선다

드들강 62
- 참 오래된 기억

양지 뜸
무릎 쭈욱 펴고 비늘 말리던 꽃뱀
사랑은 상처받기를 허락하는 것이라며
머위꽃 베고 쪽잠 들고
촛농 떨구듯 쨍한 햇살 가려주는
벚나무, 그윽한 절간 같다
아슬한 몽유길
나를 더듬는 볕뉘 같은 자음 모음들
텅 비어가는 심장에 난만하다

바람이 지우고 지워도
늘 새로 밝히는
슬픔 가득하나 청승은 없던 외할머니 닮은
봄,
참 오래된 기억

드들강 63
- 조팝을 의심하다

조팝,
꽃이 무거워진 가지 하나, 스스로 숲이라 한다
간절히 곁을 부르는 아득한 몸짓으로
꽃 피워낸 절정의 저 눈부신 투신

혼자 겨울 먼 길을 걸어왔다고 믿던 때
조팝, 그 너울거림 앞에서
나를 받쳐주던
아니, 함께 쓰러지던 허리들이
눈썹 손을 얹고 먼 데를 바라보네
꽃 진 자리 안쓰러운 것은
나무의 애착이 꽃이 아니고 허공인 까닭이지

버리고 가자는 말보다 다만 두고 가자
그리움이 더디어질 때쯤
내처, 막무가내로 봄은 다시 올 것이니
멀고 긴 쓰러짐의 힘이
놓친 봄을 다시 일으켜 세울 것이니

드들강 64
- 절정, 그 후

떠나는 것
떠나간 것
숨죽이며 껴안는 꽃의 그늘
동백은 향기를 숨겼다

노란 햇볕이 먼지처럼 앉아 있는
동백길이 이리도 처연하다면
오늘
성스러운 죄* 한 번 지어볼까

모퉁이마다 숨 가쁜 동백
나를 아득히 내려다본다

아랑곳이라고는 없는
그 눈길 내내 그림자 밟히는 소리
날 더듬는 별뉘 같은 눈길

*아르튀르 랭보는 시인을 '성스러운 죄인'이라고 했다.

드들강 65
- 저녁은

달을 의심하고
별을 의심하던
여자의 얼굴이 여자로 보일 때 온다

저녁은
이미 사라져버린 것들 틈에 숨은 색깔들이
흐린 침묵으로 내리고
과묵한 단어 몇 줄은 언어의 미로에 던져진다

저녁은
혼잣말이 외로움이 아닌 때
달과 마주 선 꽃이 한 잎씩 저를 버려가는 밤은
여자의 얼굴이 깊어질 때 온다

모든 것이었으나 아무것도 아닌 거짓 수작들을
등을 돌린 채 나눠 갖는 내가 내 것인 때
웅크린 여자의 내면에는 불씨가 묻혀있다
고집스레 자기만의 물길을 가진 여자
겨우 남은 빛으로 어두워져
흐른다

드들강 66
– 고사리가 눈을 가린다*

바람 한 줌 안기면 꾸욱 다물었던 가슴팍 열어
솜털 배시시 손 흔드는 얼 다스림의 一家들

가는 길에도
가야 할 길에도
道 닦는다고 처자식 버린 아버지 우뚝 서있네
깜짝 놀라 내려 보면 발 밟힌 그, 허리 꺾여 있어
아픈 무릎 대숲 같아 찬바람 무시로 드나들던
엄마에게 그는 가시걸음이었지
오던 길 되돌아가면
괄호처럼 비어 있던 아버지
꺾이지도, 꺾을 수도 없는 그 자리에
퀭, 설운 눈으로 마냥 서있네

사람과 사람 사이만큼의 고사리가 왜 내게는 보이지
않는건가
마음 수그리면 눈이 떠지려나
글쎄
그런 내가 있기는 있는 건가

잔솔밭 묵묵한 그늘, 몸 일으킨다

*고사리를 못 찾는 사람에게 놀림 말이거나 위로의 말

114

드들강 67
- 깨우지 마라, 고운 잠

잎 진지 오랜 늙은 감나무
홍시 하나 남았다
까막까치 떠나버린 나뭇가지에
어디서 왔는지 곤줄박이 한 마리 혀를 내민다

곤줄박이 날아가고
감나무 혼자가 되었다

기다렸다는 듯 저 늙은 감나무 깨우려
무량햇살은 우듬지에 가부좌를 틀고
손사래 치는 산그늘 강그늘 데리고 온
건들바람 야단법석을 열어도
감나무 수굿하다

봄밤 하얀 감꽃 속으로 숨어들 그믐달아
깨우지 마라, 고운 잠

드들강 68
- 동백이 봄을 묻네

아지랑이도 모르고
차가운 달빛과 늙어가는 귀뚜리 소리에 속절없던
억새가
그리다, 그리다 그리움에 지쳤던
봄꽃들 피어나고
몇 날을 실컷 죄 저지르고도 뻔뻔한
동백이 봄을 묻네
"스물세 살이오,
삼월이오,
각혈이오."*

*이상의 '봉별기'에서

드들강 69
– 그래도 다시 올, 봄

한 금 두 금
이마에 주름 긋듯
강둑을 여럿 걸어갔다

아무도 돌아오지 않았다

물속을 물총새가 날았고
총 총 총 강이 노래하기 시작했다
물의 길
물의 무늬
물의 빛을 들여다보는 나와 나를 들여다보는 내가
강둑에 물이 차오를 때까지
어둠에 물이 합쳐질 때까지
무엇이 오고 가는지 지켜보는데
낡은 시계 초침 기울 듯 고단한 숨
허무에 서툴렀다
절망이 불편했다

열매가 익고 떨어지는 시간의 간극

그 언저리에서 길을 잃은 꽃들 다시 올까
닫힌 꽃 귀의 그림자로 지는
몇 잎의 눈을 닫으며 캄캄해진 말씨로 묻는 나무

그래도
다시 올 봄
어김없이 다북쑥 밀어내 강둑을 채울 것인가

드들강 70
– 나뭇잎이 떨어지기 시작하는 달, 구월*

아픈 사람은 더 아프고
풀벌레는 더 멀리 운다
처음 온 길이 오래 걸었던 길 같고
작별이 익숙한 듯 손을 흔든다
노란 물이 드는 나무에게
푸름은 외침이었고
초록으로 못다 한 속엣말은 붉게 타고 있다
밤늦도록 되뇌는 귀뚜리의 후회를 귀담지 않을 때
누가 이 구월을 달력에 끼워두었나
유독 나에게만 범람하는 이 구월에
낙엽 같은 시를 읽고
핏줄 도드라지게 써야 하리

한 장 넘기면 시월
거기 저녁 잎사귀들 강가에 앉아 있다
오래,
캄캄하게

*인디언 카이오와족의 구월 이름

119

드들강 71

- 쉼

수수꽃다리 그늘에 데인 듯
아파라, 아파라
심짓불 도진 날
부싯돌 불티처럼 두어 날
아심아심 머물다 떨어지는 허공 기슭

뚝새풀 얼굴 내밀 때
그냥 물새 우는 강 언덕인 것도
마른 풀 쌓아 몇 개 알 낳는 것도
하늘 아래 강
언덕 아래 바람의 짓거리인 걸
풀 몇 잎 깨물어
사는 게 그래, 쓴맛을 본다

그만 詩 같은 거 덮고
왜가리 놈들 곁에 서서
먼 산이나 바라볼까
물속이나 들여다볼까
어디서고 어긋나는 갈라진 손금처럼

작별하듯
못내 작별하듯

한눈파는 사이 수백 년 거뜬히 흘러가겠다

드들강 72
– 닫힌다, 한 철

은하 끝자리까지 가고 싶은 때 있다

깍지 풀고
노란 햇살 속으로 뛰어내리던
찰나
혹은 영원

상수리 한 알
다람쥐, 고 서러운 앞니 콕 박혀있다

늘그막에 나와야 할 곳이 시간이라는 말에
고개 갸웃거리며 걸어가던 먼 우렛소리
가을을 훔쳐 간다

여문 몸 비우고 쓰러지는 붉은 수숫대
허공인가
허방인가
걸림조차 없어진 이 빈 것들을 무엇으로 채울 것인가

아껴 듣는 새, 운다

드들강, 삶과 죽음의 물길
- 임해원 시집 『드들강, 저 황홀한 내통』

강 나 루
(시인 · 문학평론가)

1.

임해원의 시집 『드들강, 저 황홀한 내통』은 잊힌 강의 이름을 다시 불러내는 데서 출발한다. 드들강은 전남 나주시 남평읍을 거쳐 영산강으로 흘러드는 지석강의 옛 이름이다. 근대화의 과정에서 지도에서조차 지워진 이 이름을 시인은 되살려, 사라진 것을 환기하고 잊힌 것을 되불러낸다. 그러나 이 작업은 단순한 지명의 복원에 머물지 않는다. 그것은 곧 존재와 시간의 심연을 불러내는 일이다.

「드들강」 연작에서 강은 자연 풍경의 배경이 아니다. 강은 삶과 죽음, 기억과 망각, 초월과 구원의 물음을 담아내는 거대한 상징적 장치다. 빗방울이 강에게 들키듯, 강 또한 빗방울에 들키며, 그 물길은 바람과 산그늘, 새와 꽃, 그리고 인간의 불안을 비춘다. 강은 끊임없이 흐

123

르지만, 어디로 향하는지는 알 수 없다. 바다로 가는지, 하늘로 돌아가는지, 혹은 되돌아오는지―그 알 수 없음 속에서 시인은 삶과 존재의 근본을 묻는다.

이 시집을 관통하는 이미지는 크게 네 갈래로 나눌 수 있다. 첫째, 강은 존재와 세계의 은유다. 강은 불가해성과 깊이를 드러내며, 인간 중심적 사고를 교란하는 타자의 질서로 나타난다. 둘째, 새와 죽음은 순환과 회귀의 상징이다. 새는 죽음을 넘어선 초월을 환유하고, 주검은 강과 스며들어 새로운 생명의 힘으로 변환된다. 셋째, 시간과 기억은 상실과 회귀의 구조 속에서 형상화된다. 낙화와 회귀, 계절의 끝자락에서의 자기 성찰, 기억의 시차는 존재를 지탱하는 힘으로 드러난다. 넷째, 종교적 사유는 불교와 기독교의 상징을 교차시키며, 자연 속에서 구원과 해탈의 가능성을 탐문한다.

따라서 『드들강』은 단순한 자연 서정시의 범주에 가두기 어려운 작품집이다. 강은 물리적 공간을 넘어, 새와 꽃, 계절과 종교적 언어와 얽히며 인간 존재의 불안과 초월의 의미를 탐구하는 매개가 된다. 이 글은 강을 중심으로, 죽음과 기억, 종교적 사유가 어떻게 맞물려 순환적 세계관을 형성하는지를 살펴보고자 한다.

2.
드들강은 인식의 대상이 아니라 윤리의 훈련장이다. 강은 우리에게 묻는다. 너는 얼마나 천천히 볼 수 있는가, 얼마나 정확히 들을 수 있는가, 그리고 마침내 보낼 수 있는가. 강의 이미지는 이런 과정을 통해 세계와 타자에 대한 감응의 기술로 완성된다. 이 훈련이 '드들강'이라는 특정 지명의 회복을 넘어, 사유의 지형을 회복하는 일로 이어진다는 점에서, '드들강'은 한국적 자연서정을 갱신하는 윤리적 미학의 현장이다.

다음 세 편의 시 「드들강 1」, 「드들강 5」, 「드들강 28」은 강을 사유의 장치로 세운다. 특히 어휘 선택과 호흡, 감각의 전환이 알아려는 욕망에서 인간중심의 수정을 거쳐 타자를 허락하는 윤리로 이어지는 과정을 단계적으로 연출한다.

거미줄이 이슬에 들키듯
강에게 들킨 빗방울
빗방울에 들킨 강
저 강이 어디로 가는지 알 수 있다면
生에 대해 아는 척할 수 있을 텐데
바다로 간다고도 하고
하늘에 돌려준다고도 하고
돌아간다면
저 궁둥이 쳐든 비오리를 어떤 착한 말로 읽어야 하나
강의 물이 묻고 산의 그늘이 답하고
바람은 자취 없는 자취를 남기고
흰, 그 절박함을 집어삼킨 푸른 물빛을
새가 물 위에 꾹꾹 눌러쓴 상형문자를

시간의 저쪽 끝에 있는 너와
이쪽 끝에 있는 나를 어떤 이름으로 불러야 하나

너만 모르고
나만 모르고
그림자에 그림자 포개지듯 어두워져 다만 쓸쓸함과 내
통하는
저 하얀 맨발
아파라
저리 천천히 걸으면 바다까지 一生이 걸리겠다
               -「드들강 1- 첫, 그 이름이 내게 왔다」 전문

　　임해원의 시집에서 무엇보다 먼저 눈에 들어오는 것
은 강이다. 첫 시편「드들강 1 - 첫, 그 이름이 내게 왔
다」에서 시인은 "거미줄이 이슬에 들키듯/ 강에게 들킨
빗방울/ 빗방울에 들킨 강"이라며 '들키다'라는 동사를
반복한다. 주체와 객체가 번갈아 피사체와 관찰자로 뒤
집히면서 관계가 순식간에 교란되는데, 이를 통하여 시
적 세계의 초점은 누가 무엇을 '보는가'에서 '무엇이 무
엇에게 드러나는가'로 넘어간다. 이때 강은 더 이상 풍
경이 아니라 '들키는' 존재로써 전면에 드러난다. 이 시
는 '내가 무엇을 아는가'라는 인식의 물음과 더불어,
'어떻게 불러야 하는가'라는 호명의 윤리가 겹쳐 있어
서, "시간의 저 쪽 끝에 있는 너와/ 이 쪽 끝에 있는 나
를 어떤 이름으로 불러야하나" 알지 못하는 상태가 단

지 무지의 결핍이 아니라, 타자를 섣불리 명명하지 않으려는 윤리적 주저로 변환된다. "저 궁둥이 쳐든 비오리를 어떤 착한 말로 읽어야하나"라는 고민 또한 그러하다. 새를 '불쌍한 존재/자연의 희생'으로 즉시 명명해버리는 기계적·도식적 공감의 언어를 경계하며, 강-산그늘-바람이 이루는 자연의 문답을 먼저 듣겠다는 태도가 강조된다.

> 강기슭 저문 게 눈 흐려진 탓이라 믿었더니
> 물길 저리 깊은 까닭이고
> 바람소리 드문 게 귀 어둔 탓이라 믿었더니
> 산그늘 저리 깊은 까닭이었네
> 하루가 아슴아슴 저물어
> 강기슭이 물소리 되고
> 바람소리가 산그늘 되니
> 하염없어라
> 허공의 빗금에 진저리 치던 왜가리 한 마리
> 풀숲에 몸 숨기고 오래오래 서 있네
> 영원이라 착각하던 시간의 갈피에
> 놀 빛은 더 어둔 저녁을 기다리고
> 사금파리 반짝이는 강물 위로 왼갖 소리들 뛰어다니네
>   - 「드들강 5- 내 탓 아니었네」 전문

이 시의 부제인 "내 탓 아니었네"는 자기변명이 아니다. 인간중심적 오독을 반성하는 말이다. "눈 흐려진

탓" "귀 어둔 탓"처럼 감각의 결함으로 돌리던 판단이 "물길 저리 깊은 까닭이고/ 산그늘 저리 깊은 까닭이었네"로 전환되면서 화자는 불투명한 것은 내 감각이 아니라, 자연의 본래적 심연이었음을 인정한다. 시선의 초점이 '나의 한계'에서 '세계의 깊이'로 옮겨가는 것이다. 이때 인상적인 대목은 감각의 치환이다. "하루가 아슴아슴 저물어/ 강기슭이 물소리 되고/ 바람소리가 산그늘 되"면서 강기슭이라는 '경계'가 물'소리'로, 바람 '소리'가 산'그늘'로 변환된다. 시는 시각·청각·촉각의 통로를 교차시켜 자연의 질서를 단일 감각으로 환원 불가한 복합성으로 제시한다. 이 치환은 곧 인간 인식의 언어가 자연의 층위를 따라가며 자기 자신을 수정하고 있음을 보여준다. "사금파리 반짝이는 강물 위로 온갖 소리들 뛰어 다니네"는 깨진 유리 조각처럼 반짝이는 미세한 빛들을 통해, 지식이 그림이 아니라 파편의 반짝임으로만 포착된다는 사실을 상기시킨다. 그러니 '내 탓'이 아니라, 그렇게만 허락하는 세계의 탓이다.

> 강의 깊은 한숨에서 시작된다
> 들어앉을 몸을 얻으려 원추리 허리 휘어놓고도
> 머무는 生을 견디지 못하고 그냥 간다
> 어쩌면 회오리치는 것이 生일지 몰라
> 소리로 와서 소리 없이 사라질 줄 아는
> 바람이 바람 아닌 것 흔들어 저를 보여주듯

나 아닌 나를 깨운다

볕에 덴 그늘 가만가만 다독이던
보이는 것과 보이지 않는 것들 사이에서
내 안이고 바깥이던 그대, 가버렸는가
제 그늘 삼킨 구름마저 품었나니
하늘의 비밀 엿듣고 어루더듬던 그대, 가버렸는가
지나가는 것들 제 소리로 유혹하지만
바람은 그 자리 그대로네

우두커니 멈춘 生
한 백 년쯤 시간 흐르고
소금처럼 깊어지려면 일어서서 더 걸어야겠다
두어 개 문살 부러진 문 열 듯
나보다 더 어두워진 사람을 곁에 두듯 바람을 허락하
네
저녁이면 잎사귀들 캄캄히 몸 뒤집는데
열이레 달빛으로 길 밝혀 마음 떠나보내야겠다
                            ─「드들강 28- 바람은」전문

   이번 시는 강으로부터 바람의 기원을 여는데, "강의
깊은 한숨에서 시작 된다". 강의 '한숨'은 고단함의 탄
식이 아니라, 생성의 호흡이며, "머무는 生을 견디지 못
하고 그냥 간다/ 어쩌면 회오리치는 것이 生일지" 모른
다며 정주(定住)보다 운동과 변환을 삶의 본질로 선언
한다. 바람은 "소리로 와서 소리 없이 사라지는" 흔적

을 남기지 않는 운동으로서, 강의 호흡을 세계로 운반한다. "바람이 바람 아닌 것 흔들어 저를 보여주듯/ 나 아닌 나를 깨"우는 강과 바람은 '나'의 내부에 있던 타자를 건드린다. '나 아닌 나'라는 역설은, 초월이 외부에서 덮치는 사건이 아니라 내부의 타자성을 흔들어 깨우는 일임을 가리킨다. "보이는 것과 보이지 않는 것들 사이에서/ 내 안이고 바깥이던 그대"는 바로 그 내부와 외부의 경계에 선 타자다. 자연의 말을 듣던 "하늘의 비밀 엿듣고 어루더듬던 그대"라는 존재는 사라졌고, 자리를 비운 타자의 부재가 세계의 울림을 도리어 또렷하게 만든다. "지나가는 것들 제 소리로 유혹하지만/ 바람은 그 자리 그대로"라는 진술에서 움직임의 은유였던 바람이 머문다는 모순을 통해 무위의 운동을 드러낸다.

3.
그런가하면 다음의 세 시는 '새'라는 존재를 통해 죽음을 단절이 아닌 변환과 회귀로 사유하게 한다. 그럼으로써 서로의 빈자리를 채우며 죽음-자연-언어의 삼항 구조를 만든다. 「드들강 13」은 죽음을 소실이 아니라 변환, 즉 등가로서의 초월을 보여주고, 「드들강 18」은 매질의 전환으로 순환의 생태를 드러내며, 「드들강 37」은 설명의 포기와 묘사로서의 기록을 통해 증언의 윤리를 확정한다. 그럼으로써 죽음은 더 이상 끝이 아니라, 운동과 발화의 형식을 바꾸는 사건이다. 새의 길은 길

을 남기지 않고(「드들강 13」), 강이 그 이름을 노래하며
(「드들강 18」), 시인이 마침내 말한다(「드들강 37」). 이
자취 없음 → 노래 → 말하기의 순환이 바로 『드들강』이
삶과 죽음을 연결하는 방식이며, 강가에 선 시가 수행하
는 작은 의례. 주체의 시선은 '하늘로의 등가(等價)',
'강과의 침투(浸透)', '증언의 윤리'라는 세 지점을 순차
적으로 통과하며, 초월의 감각이 순환의 생태를 거쳐 발
화의 책임으로 이동한다.

하늘 높다
흰 새 서너 마리
목 길게 세우고 구름 속으로 들어갔다
오래 기다렸으나
뺨이 붉은 새는 나오지 않았다
여전히 날아가고 있을 것이다

새가 어떻게 날아오르는지
어떻게 눈 내리는 들판을 건너가는지
어떻게 놀 빛을 뚫고 들어가는지
공중의 새는 날아갈 뿐 따로 길을 내지 않았다
다만
모퉁이에 오래 서서 어두워진 사람이
손가락 들어
저만치 새의 자취를 가리켜 보일 뿐

기진해 두 날개를 접었는가
지금 어디 있는가, 묻는다
까마득한 새
하늘이 됐다,고 대답한다
　　　　　　　- 「드들강 13- 새의 길」 전문

　「드들강 13」은 '길 없음의 길'을 이야기한다. "공중의
새는 날아갈 뿐 따로 길을 내지 않았다"는 구절에서 길
은 흔적의 축적이 아니라 자취 없는 운동이다. 관찰자는
오래 기다리지만, 새는 "여전히 날아가고 있을 것"이라
는 추측만 남긴 채 가시성의 경계를 벗어난다. 이때 "모
퉁이에 오래 서서 어두워진 사람"은 시선의 윤곽이다.
그는 길을 만들 수 없고, 다만 가리켜 보일 뿐이다. 가
리킴은 소유가 아니라 인접(隣接)의 제스처이고, 초월
앞에서 인간이 허락받은 최소한의 행위다. 마지막 행의
"지금 어디 있는가, 묻는다" "하늘이 됐다"는 문답은 존
재의 상태를 위치가 아닌 하늘과의 동일성으로 바꾼다.
"하늘이 됐다"는 말은 죽음을 사라짐으로 읽기보다, 질
적 변환으로 읽힌다. 새는 죽어 '하늘 속으로' 들어간 것
이 아니라, 하늘 그 자체가 되는 전환을 수행한다. 여기
서 죽음은 닫힘이 아니라, 확장으로서의 초월이다.

　비오리 누워있다
　뼈 드러나고 날개깃 부서졌다

자갈돌 몇 개 그 몸을 다물고 있다
꽉 다문 저 힘이 강을 흐르게 하고
새를 날게 했을 것이다

비오리 몸속으로 강이 흘렀고
흐르는 힘과 나는 힘이 서로 스치고 스미어
물속을 새가 날아가고
강은 새 이름을 노래하기 시작했다
지저귀다, 지저귀다 목이 쉰 강
주검이 갈밭 틈새기를 다물고 있다
접힌 날개 여전히 강을 향하고
왼종일 물을 주시했을 부리는
죽음에도 날카로움을 잃지 않았다

갈꽃 난분분한 들녘
새 따라오고, 새 운다
부리 긴 새 하늘을 쪼면
너왓장 들추듯 버들치 튀어 오른다
더는 노래하지 못하는 새
적막에 오래 기대 울컥할 때
허공도 따라 울컥하고

그래도
갈밭 너머 햇살 희고
물빛 푸르고
나는,

　　　　　　　　　　　　　　-「드들강 18- 갈밭」전문

「드들강 18」은 "비오리 누워있다"는 진술으로써 죽어 널브러져 있는 비오리의 주검을 정면에서 응시한다. "자갈돌 몇 개 그 몸을 다물고 있"는 장면은 마치 매장의 순간을 암시하는 듯하다. 그러나 "비오리 몸속으로 강이 흘렀고/ 흐르는 힘과 나는 힘이 서로 스치"면서 살았을 때도 강은 몸 안을 흐르고 있었다는 인식은 이내 "물속을 새가 날아가고"라는 역설적 문장을 통해 죽음이 오자 강은 몸 밖의 흐름으로 돌출되었다는 인식으로 확장되고, 공중의 비행이 수중의 흐름으로 매질만 달리한 비행임을 보여준다. 즉, 화자는 생과 사는 매질의 전환일 뿐, 운동의 소멸이 아니라고 여기는 것이다.

화자는 연이어 "강은 새 이름을 노래하기 시작했다"며 노래의 주체가 새에서 강으로 이동하는데, "지저귀다, 지저귀다 목이 쉰 강"이라며 더는 울지 못하는 새를 대신해, 강이 지저귄다. '목이 쉰'이라는 형용은 강의 물리성에 음성의 상처를 부여한다. 죽음을 목격한 강은 잠시 목이 쉰 합창자가 된다. 화자는 마침내 "접혀진 날개 여전히 강을 향하고" "부리는 죽음에도 날카로움을 잃지 않"았다며 비오리의 주검이 가진 물리적 형상을 의지의 잔상으로 승화한다. 이미 죽어버린 새의 자세는 더이상 운동적이지 못하지만, 의지는 강을 향한다. 따라서 "그래도/ 갈밭 너머 햇살 희고/ 물빛 푸르고/ 나는,"이라는 화자의 독백은 값싼 위안이 아니라, 세계의 지속을 향한 미세한 귀환으로 상승한다.

흰 왜가리
물 아래, 더 아래를 가늠하듯 서 있었다

그 새, 갈밭에 누워있다

밤이었고
빛의 금을 치던 비와 불빛에 대해 이제 말해야겠다
새를 따라온 들녘이 주춤거릴 때
추운 바람이 잎들을 거둘 때
빗발이 줄곧 새의 몸에 스미던 일을
웅크렸고 소름 돋았고,
고이다, 고이다 새의 몸 밖으로 넘치던 빗물에 대해
그때
말을 잃은 적막이 울컥할 때
바람이 거두어 갈 몸인 줄 모르고
걷다
넘어지다
어떻게 갈밭에 누웠는지를
둘러보아도 다만 혼자
이제
온몸을 울먹이던 새의 목숨을 말할 차례다

저문 강의 물길에 한숨 내려놓은
새가 누워 있다고
날아오르던 높이에서 툭, 떨어졌다고
　　　　　　 -「드들강 37- 이제 말할 차례다」 전문

135

「드들강 37」은 증언의 순간을 호출한다. "이제 말할 차례다"라는 부제는 화자가 목격자에서 발화자로 이동했음을 표지한다. "물 아래, 더 아래를 가늠하듯 서있었다"는 살아있는 자세의 진술과 "그 새, 갈밭에 누워있다"는 죽음의 자세의 진술은 극적으로 대조되는데, 두 진술 사이의 공백은 시간의 경과를 재현한다. 그런가 하면, "고이다, 고이다 새의 몸 밖으로 넘치던 빗물"은 반복과 동사의 느린 물결로 지속된 시간을 피부 감각으로 체현한다. "말을 잃은 적막"과 "울컥"의 병치는, 언어 이전의 울림을 드러냄으로써 말이 멈추는 지점에서, 발화의 필요를 역설적으로 발생시킨다. 그래서 바로 뒤에 "이제/ 온몸을 울먹이던 새의 목숨을 말할 차례"임을 선언하는 것이다. 그 선언은 "저문 강의 물길에 한숨 내려놓은/ 새가 누워 있다고/ 날아오르던 높이에서 툭, 떨어졌다고"라며 "흰 왜가리"의 죽음을 '왜'가 아니라 '어떻게'로 기록한다. 화자는 설명을 포기하고, 묘사로서의 증언한다. 이 선택은 윤리적이다. 죽음의 원인을 단정하는 대신, 몸과 세계가 서로를 통과한 사건을 있는 그대로 적는다.

4.

임해원 시인은 드들강이라는 장소에서 윤리적 미학의 현장을 발견하기도 하였고, 죽음은 단절과 상실이 아니라 변환이자 전환이며 순환으로써 연결될 수 있는 것임을 발견한다. 이제 시인의 목소리는 소멸마저도 완전한 끝이 아니며, 돌아올 시간을 예비하는 것이라는 사실에 닿고 있다. 그러므로 "드들강"은 시간과 기억에 관한 회상이나 추억의 공간을 초월하여 상실을 견디고 삶을 지속하기 위한 세계이다. 즉, 상실과 회귀, 단절과 순환이 맞물려 빚어내는 세계를 사색하고 삶을 견디기 위한 윤리적 방법론을 모색하는 장소이다.

다음의 「드들강 15」, 「드들강 23」, 「드들강 35」, 「드들강 62」는 앞에서 지적한 바와 같이 시간과 기억을 상실의 정동으로 드러내면서도, 그 끝에서 다시 순환의 질서를 발견한다. 이로써 계절의 유한성, 꽃의 낙화, 그리움의 시차, 오래된 기억이 시인의 세계에서 어떻게 생을 지탱하는 힘으로 변모하는지 확인할 수 있다.

멀리 걷는 일이
눈빛이 깊어지는 일이라는 걸 이제 알았다
돌아오는 길
강둑 아래 노랑어리연을 오래 들여다보는 이유다

강을 들여다보는 나와 나를 들여다보는 내가 겹치는
가을이 며칠 남아있다
잎 지는 어느 날 강에게 나의 사소한 걱정을 물었으나
대답을 기다리진 않았다
청미래 넝쿨 손톱 세운 생채기에도
발부리에 차이는 주먹 돌에 허연 서리꽃이 피어도

나는 여전히 강둑을 걷고 있을 것이고
찬바람이 쓸고 지나간 며칠 뒤
몸에 어리는 햇볕 한 줌씩 모으며
눈빛이 깊어져 돌아올 것이다

달이 둥글어지고
갈꽃 밟히는 소리 짠하게
날개를 끌며 걸어온 새가 자갈밭에 몸을 누이는
가을이 며칠 더 남아
나보다 더 숨죽인 나를 지켜보는 강에게
나의 사소한 걱정을 또 물을 것이다
　　　　- 「드들강 15- 가을이 며칠 남아있다」 전문

　「드들강 15」는 며칠 남지 않은 가을을 배경으로 자기 성찰의 풍경을 펼친다. "멀리 걷는 일이/ 눈빛이 깊어지는 일"은 걷기를 행위에서 그치지 않고, 인식의 심화로 연결한다. 가을이 끝나기 전 남은 '며칠'은 유한성의 시간이며, 그 시간 속에서 화자는 강을 들여다본다. "강을 들여다보는 나와 나를 들여다보는 내가 겹치는" 순간, 자연의 거울과 자아의 거울이 중첩되어 자기 응시의 깊이가 발생한다. 화자는 "강에게 나의 사소한 걱정을 물었으나/ 대답을 기다리진 않"는데, 중요한 것은 응답 여부가 아니라, 묻는 행위 자체가 화자의 사유를 심화시킨다는 것이다. 남은 '며칠'은 소멸의 시간인 동시에, 자기 성찰의 시간을 보증하는 시간이다.

선암사 부활매
조실스님 걸음 따라 꽃잎 떨궈 절 마당을 가늠한다

낙화, 다시 꽃이다
봄, 가을 오고 가는 것 내 어쩔 수 없지만
세상은 기다리는 일을 가르쳐 준다
봄마다 환장하게 매달리는 흰 꽃, 흰 꽃들
꽃의 무게 못 견딘 하늘
여름 내내 붉게, 붉게 앓다가
가을, 잘 마른 이파리들 虛, 虛, 虛 강을 찢는다

때가 되면 푸르름 어기고 꽃으로 돌아가 볼 일이다
처음, 우리 모두 봄밤 배꽃 속으로
숨어드는 달처럼 그리 곱지 않았겠나

낙화를 때 늦은 회귀라 이름할 때
어둔 강에서는 눈물 냄새가 난다
　　　　　　　　　-「드들강 23- 낙화, 다시 꽃이다」 전문

　「드들강 23」은 낙화(落花)의 역설을 집약한다. "낙화, 다시 꽃이다"라는 부제는 지는 꽃이 소멸이 아니라, 곧 회귀의 시작임의 선언으로 보인다. "봄, 가을 오고가는 것 내 어쩔 수 없지만"에서 드러나듯, 시간은 인간이 제어할 수 없는 질서이다. 그러나 그 질서 속에서 "세상은 기다리는 일을 가르쳐"주는 이유는 꽃이 지더라도 기다리면 또다시 피는 순환을 가르치기 위함이다. 이 시에서

는 '기다림'을 중심에 놓음으로써 시간의 직선성을 부정
한다. 꽃의 소멸은 절망이 아니라, 순환적 시간관 속에
서 회귀의 조건이다. 그러나 동시에 "어둔 강에서는 눈
물 냄새가 난다"는 사유는 순환을 단순한 위안으로 소
비하지 않고자하는 화자의 의지가 드러나는 진술이다.
회귀의 뒤에는 여전히 상실의 비애가 깃들어 있다. 낙화
는 곧 다시 꽃이 되지만, 그 과정은 눈물과 어둠을 통과
해야 하는 고통의 회귀인 것이다.

너에게 닿을 거리쯤
나, 징검돌로 섰네
마주 보던 시간은 짧았으나 그리움은 길어
새벽이 빛을 모으던 강가
순정한 화석으로 흔들리는 동안
비워지는 것도 비운다는 것도 잊기로 했지
오래된 바람이 징검돌을 건너고 있어
새 한 마리 날아간다고 하늘이 흔들릴 줄
새 한 마리 날아간다고 나무가 멈칫할 줄
몰랐네

물에게 말 걸고
새에게 말 걸고
내 그림자에 말 걸 때
새벽이 어둠을 벗겨내고 있었지
새 가는 길 따라가다 하품처럼 눈물 맺히는

눈썹 없는 버들치처럼
지느러미 없는 자갈돌처럼
한 처음, 아무 소리 들리지 않던
너,

소실점

- 「드들강 35- 기억의 시차」 전문

「드들강 35」는 기억의 불일치를 보여준다. "마주보던
시간은 짧았으나 그리움은 길어"라는 진술에서 시간은
객관적 길이가 아니라, 정서적 체감에 따라 늘어나거나
축소된다. 시적 화자는 징검돌로 서서 강을 건너는 순
간, 시간의 시차를 몸으로 경험한다. "새 한 마리 날아
간다고 하늘이 흔들"리거나 "나무가 멈칫 할 줄" 몰랐
던 경험은 사소한 사건이 세계 전체의 흔들림으로 확장
되는 체험을 말한다. 이는 그리움이 세계를 진동시키는
방식이다. 시가 끝내 "소실점"으로 수렴함으로써 기억
과 그리움이 시선의 소멸점에 도달함으로써, 기억은 사
라지는 동시에 다시 세계를 조직하는 힘으로 작동한다.

바람이 지우고 지워도
늘 새로 밝히는
슬픔 가득하나 청승은 없던 외할머니 닮은
봄,
참 오래된 기억

「드들강 62」는 기억의 가장 개인적 층위를 다룬다. 외할머니의 이미지와 봄날의 풍경은 개인적 역사와 세계의 정서가 겹치는 자리다. 흥미로운 것은 "슬픔 가득하나 청승은 없던"이라는 묘사다. 기억은 아픔을 품고 있지만, 그것은 절망적 무너짐이 아니라 품위 있는 슬픔으로 남는다. 그렇기 때문에 그것은 단순한 과거 회상이 아니라, 삶을 지탱하는 정서적 원형으로 기능한다.

5.

임해원 시인은 천주교 신앙을 바탕에 두고 있으나, 유교적 관습과 불교적 세계관이 내면화되는 전형적인 한국인이기에, 그의 시에 성호(聖號)와 재의 수요일 같은 기독교의 표지가 불현듯 나타나면서도, 동시에 반야(般若), 연꽃, 무욕의 꽃 같은 불교적 언어가 자연스레 스며들고, 더 나아가 유교적 성찰의 어조가 배어드는 것은 전혀 이상할 것이 없다. 그렇기에 『드들강』에서 나타나는 종교적 사유는 특정 종교의 관념에 갇히지 않고, 내재화한 전통 속에서 구원과 초월의 가능성을 탐문한다.

다음의 시편은 상실과 회귀, 단절과 순환을 동시에 보여준다. 「드들강 15」와 「드들강 23」은 계절과 꽃의 소멸 속에서 다시 돌아오는 시간을 보여주고, 「드들강 35」와 「드들강 62」는 기억과 그리움의 불일치 속에서 존재를 지탱하는 힘을 찾아낸다. 시간은 사라짐을 전제하지만, 그 사라짐 속에서 돌아옴을 예비하고, 기억은 불일치를 품으면서도 삶을 떠받친다. 『드들강』에서 시간과 기억은 단순한 회상이 아니라, 상실을 견디는 윤리적 장치로 자리한다.

'나 지은 죄 많아 죽어서도 영혼 없으리'
김종삼 시인의 고해가 못질하듯 들리는
삶이 내 것이 아님을 알아채는 곳
너무 좁아 온몸을 웅크려야 꽉 차고
너무 커서 온 세상 울음을 다 쏟아내고도 남을
몸에 묻혀온 검불 털어내는 곳

이제야 혼자가 되었냐며 눈 붉히는
항상 내 곁에
또한 너무 멀리 계시는 그 분께
갈증으로 넘치는 물을
허기로 가득한 위로를 청하네
사랑을 사랑했고
슬픔을 슬퍼했던 나를 찾아가려 하네

…(중략)…

나를 기도하지 마시고
이런 나를 바라보는 당신을 기도하소서

내 침묵은 묶어야 할 입이 너무 많다
　　　　　　　　　－「드들강 10- 침묵피정」중에서

「드들강 10」은 기도와 침묵의 아이러니를 드러낸다. 김종삼의 「라산스카」에서 고해를 빌려와 시작하는 이 시는, 죄의식과 고해라는 기독교적 정서를 곧장 호출한다. "삶이 내 것이 아님을 알아채는 곳"에서 화자는 자기 주체성을 내려놓고, 절대적 타자의 앞에 서 있다. 시의 공간은 좁아 몸을 웅크려야 하지만, 동시에 너무 커서 "온 세상 울음"을 담아낼 수 있는 역설적 공간이다. 바로 그 공간에서 화자는 "사랑을 사랑했고/ 슬픔을 슬퍼했던 나"를 되찾고자 한다.

이 시의 핵심은 마지막 부분의 반전이다. "나를 기도하지 마시고/ 이런 나를 바라보는 당신을 기도하소서." 구원의 청원은 자기 자신이 아니라 타자의 시선을 향한다. 이는 신에게 '내 영혼을 살려 달라'는 기도가 아니라, '이런 나를 바라보는 당신을 위한 기도'를 부탁하는 독특한 전환이다. 구원이 주체의 소유물이 아니라, 타자의 응시 속에서만 성립한다는 역설을 드러내는 것이다.

스님, 불 들어갑니다
얼른 나오세요

솔가지 삭정이들 손 모으고

참나무 장작더미 붉은 연꽃 피어
제 안에 소름 돋듯 타는 불을 감춘다

저승길 보인다는 오동꽃
가는 길 저리 환하다면
몸에 묻은 바람 내려놓으시라

칸칸이 묵언 들어앉은 연밥

턱 괴는 고요

모호한 자음 모음들 무심한 반야般若에 들듯
돌보다 깊은 잠에 들다

- 「드들강 19- 거화炬火」 전문

「드들강 19」는 불교적 장례 의례를 환기한다. "불 들
어갑니다"라는 직접적인 구절은 화장(火葬)의 시작을
알린다. 불길은 "붉은 연꽃"으로 피어나고, 연꽃은 곧
불교적 해탈의 상징이다. 육신이 불태워지는 과정은 단
순한 파멸이 아니라, "몸에 묻은 바람 내려놓으시라"는
권유처럼 집착과 고통을 내려놓는 해탈의 과정으로 변
환된다.

주목할 만한 것은 마지막 부분이다. "모호한 자음 모
음들"의 언어는 모호하게 흐려지고, "무심한 반야般若
에 들듯" 깊은 참오는 이내 "돌보다 깊은 잠에 들"어서

며 언어를 넘어선 고요의 세계가 열린다. 불길은 파괴가
아니라, 무심과 반야의 경지로 들어가는 문이다. 죽음은
소멸이 아니라 언어 이전의 고요로 전환되는 것이다.

더위 먹어 죄다 풀죽은 한낮
홀로 직립 중
입 지우고 묵묵 귀만 남기고
빗방울도 빛도 다 꽃에 공양된다
세상 제일 허망한 것이 제 生인 줄 모르고
누구 詩에 제 이름 써지는 것 까마득히 모른 체
언제까지 서럽도록 붉으면 되냐고
언제 지면 되냐고 묻지 않는
황혼댈녘
풋잠들 듯 시듦을 예비한다

無慾, 더는 어려워
꽃이 열어준 환한 그늘을 전생의 에움길처럼 추억하는
가슴 저미는 슬픔의 배후를 곰곰 따라가다 보면
해서체 흘림 같은 마디마디가 풍화한다

시샘도 없고
욕망도 없는
부처꽃
천개의 눈을 떴다

-「드들강 56- 부처꽃」 전문

「드들강 56 – 부처꽃」에서 시인은 한낮의 더위 속에서도 "홀로 직립"한 꽃을 묘사하며, 이를 욕망을 버리고 묵묵히 서 있는 존재의 모범으로 제시한다. "입 지우고 묵묵 귀만 남기고/ 빗방울도 빛도 다 꽃에 공양된다"는 구절은, 부처꽃이 언어와 욕망을 내려놓은 채 세계와 조우하는 방식—받아들임과 청취의 자세—를 드러낸다. 꽃은 자신이 언제까지 붉어야 하는지, 언제 시들어야 하는지를 묻지 않으며, 죽음을 "풋잠들 듯" 예비한다. 그러나 시는 단순히 불교적 무욕의 표상에 머물지 않는다. "무욕, 더는 어려워"라는 고백은 인간에게 무욕이 불가능한 과제임을 인정하면서도, 부처꽃이 그 불가능의 가능성을 열어 보여준다는 사실을 강조한다. "시샘도 없고/ 욕망도 없는/ 부처꽃/ 천개의 눈을"뜸으로써 꽃은 욕망을 비워냄으로써 오히려 세계 전체를 바라보는 다중적 시선의 존재로 거듭난다. 불교적 깨달음과 절제, 그리고 천주교적 초월의식이 겹침으로써 한 송이 꽃은 곧 인간이 닿지 못하는 초월의 지평을 대신 살아내는 상징으로 자리 잡는다.

6.
임해원의 시집 『드들강, 저 황홀한 내통』은 드들강이라는 이름을 불러내는 일에서 출발하지만, 그 강은 단순한 지형이 아니라 존재와 세계를 비추는 거울로 확장된다. 강은 '들키는' 존재로 나타나 인간의 인식을 교란하

147

며, 새의 죽음을 품어 순환의 생태를 노래하고, 계절과 기억의 유한성 속에서 회귀의 질서를 드러낸다. 또한 시인은 천주교적 기도의 언어와 불교적 무상, 유교적 성찰을 자연의 이미지 속에 교직하여, 종교적 전통의 경계를 넘어서는 초월의 사유를 펼쳐낸다.

『드들강, 저 황홀한 내통』에서 죽음은 소멸이 아니라 변환이며, 상실은 끝이 아니라 회귀의 조건이다. 꽃은 지면서 다시 피고, 새는 강과 스며들며 이름을 노래로 남기며, 기억은 시차와 불일치 속에서도 존재를 지탱하는 힘으로 작동한다. 이 시집의 세계는 궁극적으로 비워내고 허락하며 보내는 윤리를 향한다. 강을 바라보는 시선은 자기중심의 오만을 벗겨내고, 타자와 세계를 감응의 기술 속에서 다시 만난다.

오늘날 '드들강'이 지니는 의미는 바로 이 지점에 있다. 자연을 단순한 배경이나 감상의 소재가 아니라, 존재와 죽음을 사유하는 철학적 장치이자 윤리적 훈련장으로 끌어올리고, 강은 여전히 흐르고, 새는 죽음을 넘어 노래하며, 꽃은 시들면서 다시 천 개의 눈을 뜬다. 임해원의 시는 이 흐름과 울음을 놓치지 않고 기록함으로써, 우리에게 죽음 이후에도 세계는 살아 있다는 사실을 일깨운다. 『드들강, 저 황홀한 내통』은 그 깨달음을 서정의 언어로 건네는 한 권의 시적 의례다.